AF243234

NOS ROIS

UNE PAGE D'HISTOIRE

1875

NOS ROIS

UNE PAGE D'HISTOIRE

Ils ont dit : Plus de Monarchie ! Refaisons l'histoire ; prouvons que les bons rois n'ont jamais
existé et que tout ce qu'on raconte de leurs
gloires n'est que mensonge.

Nous avons des rues, des monuments qui rap-
pellent de vieux souvenirs de prospérité et de
grandeur, grattons tout cela, effaçons le passé au
nom de la liberté, égalisons tout par la fraternité
qui tue, pétrole et brise.

La vraie France ne commence qu'avec Robes-
pierre, Danton et Marat, ce groupe sombre, ridicule et tragique, où toute passion violente est
représentée, et ceux qui prétendent que Clovis
fût un roi vaillant et le fondateur de la monarchie française commettent une espièglerie.

Une France grande, tranquille et prospère ne
fait pas le bonheur de ces faiseurs et de ces aven-
turiers dont l'audace lui a coûté tant de sang, de
ruines, le démembrement et dix milliards, il.leur
faut du bruit et de l'agitation pour parvenir Être
sobre, rangé, économe, laborieux et soumis à une

autorité légitime ; c'est bon pour les niais qui croient à quelque chose et à une patrie, mais pour les esprits forts et supérieurs de ce temps, la patrie est partout, l'obéissance nulle part et tous leurs sentiments se traduisent par une révolte contre la société, sa sauvegarde et ses garanties. Aussi veulent-ils tout abolir, la propriété, la gendarmerie et le bon Dieu — le bon Dieu surtout est pour eux très gênant.

La république, ce chef-d'œuvre de l'invention, que Montesquieu dans son esprit des lois a défini : « Une dépouille, dont la force n'est plus que le pouvoir de quelques citoyens et la licence de tous, » la république offre aux ambitieux tout pour arriver. Gouvernement indéfini et que chacun peut définir à sa manière, sans dignité comme sans droits, il permet au plus bavard d'en imposer à la foule et l'on sait que les charlatans ont toujours raison de leur public, ce public hébété, qui accueille facilement toutes les balourdises au lieu de méditer ces paroles de Franklin qui devraient être écrites partout en lettres d'or : « Si quelqu'un vous dit que vous pouvez vous enrichir autrement que par le travail et l'économie, ne l'écoutez pas ; c'est un empoisonneur. »

Le bon sens n'est pas la règle du plus grand nombre et que de moutons mangeraient trop de trèfle, si le berger et les chiens n'étaient là pour les maintenir ! Pauvres moutons de l'opinion, ceux de Panurge ne faisaient pas autrement. Sautez, sautez tous, les ignorants, les indifférents, les indécis et les peureux, les peureux surtout ces gribouilles du parti, que la crainte du péril fait jeter à l'eau ; allez, allez toujours, vous préparez encore de beaux jours aux buveurs d'absinthe et aux culotteurs de pipes !

Qu'un idiot dévoyé émette l'idée la plus saugrenue, tous applaudissent. Autrefois, lisons-nous dans l'Evangile, le démon sortait du corps d'un homme pour passer dans celui d'un pourceau ; aujourd'hui le miracle est changé, c'est le pourceau qui est la source, et ce vers de Boileau est plus vrai que jamais :

Un sot, trouve toujours un plus sot qui l'admire.

Que d'admirateurs n'ont pas eu ces êtres grotesques dont le ridicule fait monter la rougeur au front de tout homme qui a le sentiment de ce nom de français autrefois si honoré et si respecté ?

Dans toutes les parties du monde Français était synonyme de vaillance, de savoir, de grandeur et d'urbanité. C'est qu'alors on était loyal en tout.

On ne connaissait pas le roi Dagobert rien que par la chanson, mais on savait *qu'il procurait de grandes joies aux pauvres.*

Il est vrai que cela se passait en l'an 628 et que ce monarque a eu la faiblesse de fonder l'abbaye de Saint-Denis, objet d'admiration pour les étrangers.

On n'ignorait pas que Charles Martel avait sauvé la France en écrasant les Sarrasins. Ces Rois ne sont bons qu'à cela !

On se racontait que Charlemagne, ce père des écoliers, qui les faisait instruire jusque dans son palais, scellait tous ses ordres avec le pommeau de son épée en disant : *Voilà mes ordres, et voici le fer qui les fera respecter.* Aussi, dit l'histoire, on sait de quel respect il était entouré et quel était alors le prestige de la France.

Des esprits mal intentionnés rappelaient que Philippe-Auguste montrant sa couronne aux guerriers qui l'environnaient, leur disait : « Seigneurs français, et vous tous valeureux soldats qui êtes prêts à exposer votre vie pour la défense de cette couronne, si vous jugez qu'il y ait parmi vous quelqu'un qui en soit plus digne que moi, je la lui cède et la résigne volontiers, pourvu que vous vous disposiez à la conserver entière et à ne pas la laisser démembrer. »

En ce temps-là, les « sang impur » n'étaient pas encore éclos, et au lieu de brailler un refrain soi-disant patriotique, toute l'assistance répondait : « Nous mourrons pour la défendre et pour sauver la France. » Et la France était sauvée par la victoire de Bouvines le 27 août 1214.

Mais cette date est si éloignée qu'en vérité le bon peuple a peine à y croire !

Qu'est-ce que Saint-Louis ? Une invention fantaisiste dont on parle depuis six siècles, ce roi, dont la patience, l'égalité d'âme et l'inébranlable fermeté faisaient dire aux Musulmans : « Nous te regardions comme notre captif et notre esclave, et tu nous traites, dans les chaînes, comme si nous étions tes prisonniers. »

Puis il envoyait au Sultan cette fière réponse : *Un Roi de France ne se rachète pas à prix d'argent.*

Aujourd'hui on dit démocratiquement : Pas une pierre de nos forteresses ; pas un pouce de notre territoire... mais on paie tout, même la honte, sauf à verser en public des larmes decrocodile sur les malheurs de la patrie qu'on a ruinée sans péril comme sans gloire, et comme une lueur vengeresse on voit tracés en caractères sanglants sa propre condamnation : « Celui qui guetterait la défaite pour asseoir sur les ruines nationales les bases de ses espérances, celui-là serait un citoyen qui devrait être trois fois maudit. »

L'homme qui prononçait ces paroles hypocrites valait sans doute Philippe V, ce prince doux et clément, protecteur des lettres, qui disait : Il est beau de pouvoir se venger et de ne pas le faire.

Du Guesclin, ce héros que les dames bretonnes tenaient en si haute estime. Ce modèle d'abnégation et de valeur qui lors de l'avénement au trône de Charles V *le sage* adressait à ses soldats ces simples mots : « Amis, souvenez vous que nous avons un nouveau roi de France et qu'il faut que nous étrennions sa noble royauté. » Paroles qui remplirent tous les cœurs de courage et de vaillance.

Ces royalistes ont toujours eu de ces pauvres idées-là !

Des esprits chagrins ont été jusqu'à insinuer que Louis XII avait été le père de son peuple, qu'il se faisait des amis de ses ennemis les plus opiniâtres en disant : *Ceux qui ont bien servi leur maître contre moi me serviront de même contre ceux qui seraient tentés de troubler l'État.*

On ajoutait même que, parmi ses plus fidèles serviteurs, brillait un homme illustre, la fleur de la chevalerie, Bayard, ce soldat sans peur et sans reproche.

Ces choses-là n'arrivent qu'aux Rois !

« *Tout est perdu, fors l'honneur!* » écrivait de Pavie, après des prodiges de valeur, ce vainqueur en tant de combats de géants, le chevaleresque François Ier, ce père des lettres, qui fonda le Collége de France et la Bibliothèque royale. Vaillant autant que loyal, il estimait plus sa parole que l'empire de l'univers, et ne voulait pas, disait-il, que *les lettres fussent des filles sans dot.*

Il paraît que celui-là a bien pu exister ; un pétroleur même affirme qu'il a laissé comme monuments les palais de Fontainebleau, Saint-Germain-en-Laye, Chambord, Madrid et Villiers-Cotterets.

Des riens, quoi, bons à brûler!

Les démocrates, qui ont inventé des histoires de manants battant les étangs aux grenouilles et autres aimables facéties, ont eu soin de laisser dans l'oubli cet édit *du tyran*, en faveur du menu peuple, en date du 7 novembre 1544 :

« Les blés et autres grains qui s'exposeront en
« vente seront portés aux marchés publics et
« non ailleurs, et à la vente et distribution d'i-
« ceux, *le menu populaire, vivant au jour la*
« *journée*, sera, à quelque heure qu'il arrive ès-
« dits marchés, *le premier préféré*, et après le-
« dit populaire, ceux qui en voudront avoir pour
« la provision de leurs hôtels. »

Et voilà comme quoi les rois sont impossibles !

« Vous êtes Français, je suis votre roi : voilà l'ennemi, disait Henri IV. Si les cornettes vous manquent, ralliez-vous à mon panache blanc; vous le verrez toujours dans le sentier de l'honneur et du devoir. »

« Je suis le vrai père de mon peuple ; je ressemble à cette vraie mère de Salomon : j'aimerais mieux n'avoir point de Paris que de l'avoir tout ruiné et tout dissipé par la mort de mes sujets. »

« La satisfaction que l'on tire de la vengeance ne dure qu'un moment, mais celle que donne la clémence est éternelle. »

Tels étaient les sentiments de ce monarque, aussi populaire qu'il était grand écrivain et grand orateur sans y penser. Ne serait-il pas bienvenu à cette époque si troublée, celui qui pourrait dire aux représentants du pays, comme cet illustre chef de la maison de Bourbon disait, il y a près de trois siècles, à l'assemblée de Rouen :

« Si je faisais gloire de passer pour excellent orateur, j'aurais apporté ici plus de belles paroles que de bonnes volontés. Mais mon ambition tend à quelque chose de plus brillant qu'à la gloire de bien parler : j'aspire au glorieux titre de libérateur et de restaurateur de la France. Déjà, par la faveur du ciel, par les conseils de mes fidèles serviteurs et par *l'épée de ma brave noblesse*, je l'ai tirée de la servitude et de la ruine. Je désire maintenant la remettre en sa première force et en son ancienne splendeur.

« Participez, mes sujets, à cette seconde gloire comme vous avez participé à la première. Je ne vous ai point appelés ici pour vous obliger d'approuver aveuglément mes volontés. Je vous ai fait assembler pour recevoir vos conseils, pour les croire, pour les suivre.

« C'est une envie qui ne prend guère aux rois, aux barbes grises, aux victorieux comme je suis. »

Faut-il parler de Louis XIV, qui nous donna parmi tant de provinces l'Alsace, comme plus tard Louis XV nous donna la Lorraine? Tout ce qu'on nous a conté sur son règne n'est qu'une pure invention. Turenne est un être imaginaire, Jean-Bart un matamore qui se battait pour le Roi et la Patrie, Duguay-Trouin un marin d'eau douce, bon pour tromper le brave peuple, Villars une légende oubliée.

L'histoire, falsifiée par les courtisans, a dit que c'était la plus brillante époque du génie français. Grosse erreur ! Nous n'avons eu ni Bossuet, ni Bourdaloue, ni Fléchier, ni Fénélon ; non plus que Corneille, Racine, Molière, Regnard, Quinault, Boileau, La Fontaine, Nicole, Labruyère et Malebranche. Quant aux du Cange, Baluze, Lesueur, Poussin, Le Brun, Mignard, Puget, Girardon. Perrault, Lenôtre, et aux Mansard, pas un ne vaut un Galuchet du radicalisme.

Galuchet, au moins, d'accord en cela avec tous les *Gugusses* de la République, n'aurait pas encouragé tant de grands hommes, ni voulu de souvenirs comme l'Hôtel des Invalides, la place Vendôme, le palais de Versailles, le grand et le petit Trianon, les palais de Marly et de Meudon ; des tas de pierres qui ont fait travailler des milliers d'ouvriers, leur ont procuré le bien-être et la fortune, tout en dotant la France d'admirables monuments.

Non, tout cela ne vaut pas l'acte d'un Barrère, ce révolutionnaire, reprochant à Louis XVI ses aumônes et ses bienfaits *comme autant de moyens employés pour séduire le peuple.*

Quand on est habitué à prendre dans la poche

des autres, on s'étonne qu'on puisse y mettre quelque chose. Aussi, l'implacable histoire rappellera toujours, pour la honte de ses assassins et de leurs apologistes, et pour l'honneur de la France royaliste, cette réponse si noble et si digne d'un prince dont l'excessive bonté fut la perte : « Ah ! monsieur, je n'ai jamais goûté de plaisir plus doux que de donner à ceux qui avaient besoin. »

Voilà ce roi, dont un peuple ingrat a fait un martyr, qu'il a trouvé grand dans la mort. « Donne-moi ta main, disait-il à un grenadier, au milieu des menaces et du péril ; mets-là sur mon cœur et dis à ces hommes s'il bat plus vite qu'à l'ordinaire. »

Ici prennent place les faits et gestes de ces fantoches, que tous les déclassés invoquent comme des exemples et des modèles. Epoque de boue et de sang, page sinistre, que les banqueroutiers, les fainéants, les ivrognes et les habitués de la police correctionnelle et du bagne, aidés en cela par les ambitieux, les simples et les naïfs, sentent le besoin de ressusciter de temps à autre pour leur plus grand profit et la ruine du pays. Troupeau d'égoïstes, d'intrigants et de fripons, qui habillent leur égoïsme d'un faux amour du peuple, et qui font de son visage triste et souffrant un masque à leur sourire ironique, demandant la souveraineté du peuple, non pour diminuer sa misère, mais pour augmenter leur bien être !

« Le Roi est mort, vive le Roi! » Telle était l'antique devise de la Monarchie française, recueillie par les Cathelineau Bonchamp, d'Elbée, Lescure, Stofflet, La Rochejaquelein et Charette, au nom de Louis XVII.

Pour dominer toute la tourbe révolutionnaire, il fallait un Bonaparte, qui sût tirer parti de la révolution même, pour asseoir son despotisme et satisfaire son ambition. Ce fut une brillante époque militaire qui coûta cher à la France. Aussi, le 3 mai 1814, une foule innombrable, *affamée de voir un roi*, comme au temps de Henri IV, accueillit-elle Louis XVIII, qui, à peine entré dans sa capitale, signa la paix, conservant à son pays, par son influence, toutes ses colonies, et accroissant même le territoire qu'il avait avant la Révolution.

Le retour de Napoléon en 1815 ramena les alliés et nous coûta l'occupation pendant cinq ans de 17 forteresses du Nord (réduite à 3 ans par égard pour Louis XVIII), une contribution de 700 millions, l'entretien de 150,000 hommes et la liquidation de toutes nos dettes, triste bilan de la république et de l'empire se soldant par un total de 1 milliard 800 millions de francs.

Un Prince s'est rencontré qui a dit lors de son entrée dans Paris en 1814, alors qu'il n'était que Lieutenant général du royaume : « Il n'y a rien de changé en France, il n'y a qu'un Français de plus. Que toutes les divisions cessent. »

Devenu roi en 1824, il dit en s'adressant aux Magistrats : « J'emploierai toute la force que Dieu a voulu me laisser encore à contribuer au bonheur d'un peuple que j'aime, et pour lequel je veux vivre et mourir. »

« Tout ce que je pourrai faire pour soulager la misère est gravé dans mon cœur, et je ne négligerai rien de tout ce qui pourra améliorer la position de la classe la plus intéressante de mes sujets. »

Les poëtes n'avaient pas assez de rimes pour exprimer leur allégresse et le *Moniteur universel* du 24 juin 1825 nous apprend avec quel empressement M. Victor Hugo, ce père des républiques présentes et futures, *fit hommage à Sa Majesté* de son Ode sur le Sacre.

Ce Roi était Charles X, frère de Louis XVIII. Doux, humain et conciliant, il sut ramener la prospérité, la paix et la grandeur, mais en abolissant la censure des journaux, il avait compté sans les dignes fils de ces jacobins toujours prêts à attaquer un ennemi désarmé, et à saisir toutes les occasions favorables pour amener le trouble, la désorganisation, l'oubli du devoir et encourager cette propagande d'athéisme qui a fait de la France comme disait l'historien latin à la populace de son temps : « un vil troupeau qui ne peut supporter ni la liberté ni la servitude. »

Nouvelle république et nouvel empire et les millions s'en vont suivis de milliards avec les deux provinces *données par nos Rois*, triste tribut prélevé sur ces folies.

Comme toujours la république fait surgir le despotisme ou des talents incompris. Un citoyen sans savoir, sans éducation et sans expérience, arrivé d'un bond au rang suprême, ordonne la guerre à outrance sans armes ni soldats, prend des noms de bataillons pour des noms de ville, fait marcher sur le papier des armées imaginaires, conseille les généraux, les renvoie, passe des revues quand tout croule et tout manque, prodigue les galons et surtout vide les caisses et décrète la victoire. La victoire a été ce que l'on sait un immense désastre, et peut-être cet homme rêve-t-il encore à un pouvoir, qui, d'après son propre aveu, ne pourrait assurer plus de quinze jours de sécurité!

Comment le pays sortira-t-il de ce chaos dans lequel il s'agite et meurt?

Ecoutez ces choses vraiment curieuses et inattendues écrites le 25 octobre 1835 par le *père Enfantin* à M. Arlès Dufour.

.... Et d'abord, je commence par vous dire « que je regarderais comme une grande preuve « du progrès humanitaire l'oscillation qui don « nerait au pouvoir le caractère *du droit*, ce qui « aurait lieu soit par la mort des Bourbons, soit « par leur retour, parce que je ne craindrais en « aucune façon *les violences ou les ruses de ce* « *droit ancien* et que je suis certain qu'on au « rait alors, d'un pareil pouvoir, plus de vraie « liberté qu'on en a jamais eue.

« En conséquence, j'admets comme un évé « nement d'une probabilité assez prochaine le « retour de Henri V en France, avec lui on au « rait plus de vraie liberté, parce que le pouvoir « aurait plus de sentiment religieux, plus de sen « timent de hiérarchie sociale, plus de sentiment « moral.

« Quant au bon plaisir de Henri V, il s'exer « cerait surtout *en faveur des masses, en fa* « *veur du peuple.*

« Sous Henri V, on s'occuperait beaucoup du « peuple, et cependant ce serait en élevant en « core très haut la royauté et tout ce qui tient au « sentiment d'autorité, on referait l'éducation du « peuple, et on s'en occuperait avec ardeur; on « détruirait ses préjugés critiques, religieux, po-

« litiques et moraux ; en un mot, on reconstrui-
« rait les bases de son intelligence. »

Et maintenant, o peuple ! cherche où sont tes amis, et médite bien ces paroles :

Quand on fera l'histoire de ce temps-ci, quelque opinion qu'on ait sur la politique du comte de Chambord, il n'est personne qui ne sera ému en racontant le rapide voyage de ce prince traversant Paris en juin 1871, allant voir les ruines du palais où il est né, dormant une nuit dans le château dont il porte le nom, que lui a donné jadis l'affection d'un peuple changeant et oublieux, et repartant pour l'exil où il vit seul avec son droit, avec la grandeur et l'amertume de ses souvenirs, loin de cette France qui devrait être si grande, si prospère et si heureuse, avec ce roi, qui a 17 ans visitant entouré d'officiers un champ de bataille illustre, s'écriait le cœur navré : « Et je suis le seul français qui n'ait pas le droit de porter une épée ! »

L'ancienne Monarchie avait fait la France, la révolution l'a laissée périr. Voilà ce que tous les vrais Français ont présent à la pensée. Aussi dès 1848, un homme d'un grand cœur et d'un grand esprit, Victor Cousin s'adressant à Augustin Thierry, disait: « Nous sommes sur les ruines de la patrie, il n'y a que la maison de Bourbon qui puisse nous sauver. »

Ainsi se confirment ces paroles adressées par Odilon Barrot au roi Charles X après la catastrophe de juillet 1830 alors que la famille royale était sur la route de l'exil : « Sire, gardez bien cet enfant ; la France aura un jour besoin de lui.»

Et cet enfant mûri aujourd'hui par l'expérience

et les années, s'inspirant de ses glorieux ancêtres dit au peuple français :

« Trêve à nos divisions, pour ne songer qu'aux maux de la Patrie ! N'a-t-elle pas assez souffert? N'est-il pas temps de lui rendre, avec sa Royauté séculaire, la prospérité, la sécurité, la dignité, la grandeur, et tout ce cortége de libertés fécondes que vous n'obtiendrez jamais sans elle ?

« Le jour où, vous et moi, nous pourrons face à face traiter ensemble des intérêts de la France, vous apprendrez comment l'union du peuple et du Roi a permis à la Monarchie française de déjouer, pendant tant de siècles, les calculs de ceux qui ne luttent contre le Roi que pour dominer le Peuple. »

E. JUSTES.

SENS. IMP. DUCHEMIN